Début d'une série de documents en couleur

COUVERTURES SUPERIEURE ET INFERIEURE D'IMPRIMEUR

A M. L. Delisle
humble hommage de son confrère très devoué
L. Duval

Fin d'une série de documents en couleur

EXTRAITS DES REGISTRES
DE LA COMMUNE DE POITIERS
ET DE LA COMMUNE DE NIORT,
RELATIFS A LA SECONDE GUERRE DES PROTESTANTS
DEPUIS L'ÉDIT DE NANTES,

PAR M. LOUIS DUVAL,

ANCIEN ÉLÈVE DE L'ÉCOLE DES CHARTES, BIBLIOTHÉCAIRE ET ARCHIVISTE DE LA VILLE DE NIORT, MEMBRE DE LA SOCIÉTÉ DE STATISTIQUE, SCIENCES ET ARTS DES DEUX-SÈVRES.

La paix ménagée par l'édit de Nantes entre les catholiques et les protestants ne devait guère survivre aux hommes éminents qui en avaient dicté les clauses. Sans parler des antipathies profondes qui divisaient les deux partis, d'une part les prétentions absolutistes du pouvoir royal, de l'autre l'esprit républicain des églises réformées, trouvant dans la commune démocratique de la Rochelle un foyer toujours ardent, rendaient les collisions inévitables. Une première guerre avait éclaté en 1621 et 1622, et le traité de Montpellier, qui la suivit, avait laissé les esprits aussi irrités qu'auparavant. A la mort de Duplessis-Mornay, les protestants, n'ayant plus d'autres chefs que deux Rohan, furent de nouveau entraînés, en 1625, dans une lutte fatale, qui, apaisée une seconde fois pour quelque temps, devait en 1628 se réveiller plus furieuse que jamais, et aboutir à la ruine de la Rochelle.

En Poitou les huguenots à cette époque étaient nombreux et puissants. Presque toute la noblesse y avait embrassé la réforme, dont les champions les plus illustres appartiennent à ce pays. Dans beaucoup de villes le conseil de la commune et les compagnies des gardes bourgeoises étaient composés d'un nombre égal de protestants et de catholiques. Toutefois, si le Poitou ne fut pas entièrement préservé des atteintes de la guerre, les rebelles n'y rencontrèrent que des partisans isolés, et aucun soulèvement n'eut lieu. La cause en doit être attribuée sans doute, non pas tant au caractère des habitants qu'à l'organisation communale, dans laquelle, à la place de l'élément populaire, l'influence royale se faisait sentir déjà d'une façon toute-puissante, et particulièrement dans les élections.

Ce ne fut pas néanmoins sans déployer une grande vigilance que les villes du Poitou réussirent à traverser sans trouble cette période orageuse. A l'occasion de la guerre de 1625, qui fait l'objet de cette étude, le roi Louis XIII crut nécessaire d'écrire, à huit reprises différentes, dans l'espace de quelques mois, aux maires et aux gouverneurs des villes de Poitiers et de Niort, pour leur recommander de se tenir en garde contre les surprises de l'ennemi. Ces lettres royales et les extraits des registres municipaux qui constatent les mesures prises pour assurer la sûreté commune appartiennent à l'histoire, et peut-être nous saura-t-on gré de les faire connaître.

« Sur la fin de l'année mil six cent vingt-quatre, dit Jean de Serres, il y eut en France quelque bruit de remuement et de trouble d'aucuns de ceux de la religion prétendue réformée, tant en Poictou qu'à la Rochelle, pays de Xaintonge et Bretagne, et particulièrement par le sieur de Soubize, etc.[1] » Benjamin de Rohan-Soubise, baron de Fontenay, s'était en effet concerté avec son frère Henri de Rohan, au mois d'octobre 1624, et, sous prétexte d'un voyage en Amérique, il avait armé une dizaine de petits vaisseaux. Le maire de la Rochelle, André Toupet, refusant de prendre part à une nouvelle révolte, Soubise, appuyé sur la faction populaire, si puissante en cette ville, s'empare de l'île de Ré et fond tout à coup sur le port de Blavet, où étaient à l'ancre les vaisseaux du roi et du duc de Nevers, et les prend à l'abordage, le 17 janvier 1625 [2].

---

[1] *Inventaire général de l'histoire de France*, Paris, Marette, 1647, in-fol. p. 1015.

[2] Les *Mémoires du cardinal de Richelieu*, édit. Michaud, fixent la date de cet événement au 6 janvier.

Pour justifier cette action déloyale, Le Vassor et Sismondi prétendent que Soubise ne fit que prévenir une attaque du cardinal de Richelieu, dont le projet aurait été de bloquer le port de la Rochelle à l'aide de cette flotte. Ce prétexte put bien être mis en avant par les deux Rohan, qui d'ailleurs ne manquaient pas de motifs pour déclarer la guerre; mais l'histoire ne peut admettre une pareille supposition. Engagé dans deux guerres, l'une dans la Valteline, l'autre dans la Ligurie, Richelieu ne craignait en effet rien tant que la complication d'une troisième guerre à l'intérieur.

Quelque soudaine qu'eût été cette révolte, le roi, comme nous l'apprennent les Mémoires de Richelieu, en avait été instruit d'avance. Les villes du Poitou furent également averties à temps. Voici en effet ce qu'on lit dans le registre des délibérations de la commune de Poitiers (7 janvier 1625):

« M. le maire a exposé qu'il alla her soir, 6 du présent mois, à la porte Saint-Lazare, pour attendre la venue de M. Thoras[1], gouverneur du fort proche la Rochelle, et fort aimé du roy, lequel arriva fort tard, comme sur les neuf heures, et le conduisit partie du chemain, pour aller à son logis, qui est l'hostellerie des Trois-Piliers, et de plus le retourna voir peu après, pour le saluer de la part de toute la ville dont il luy a offert le service et assistance, et s'est esmayé à luy de la santé du roy et des nouvelles de la Cour, lesquelles le sieur de Thoras a asseuré estre bonnes, graces à Dieu, et que le roy s'en alloit vers Callais; qu'il estoit bruit au conseil du roy qu'il y avoit des armemens dans ce pays de Poictou et Aulnix et Bretagne; que nous devions bien prendre garde à nous, comme grandement enviez des huguenots, et que M. le comte de La Rochefoucault, nostre

[1] Jean du Caylar de Saint-Bonnet de Toiras, né en 1585. Nommé lieutenant de la vénerie et capitaine de la volière des Tuileries, il acheta, vers 1619, une compagnie des gardes, et, après la mort d'Arnaud, gouverneur du fort Louis, à la Rochelle, le roi lui confia cette place importante, le 25 novembre 1623. Toiras prit une part glorieuse aux guerres de 1625 et de 1628, et obtint le bâton de maréchal. Tombé dans la disgrâce, il mourut en 1636, au siége de Fontanella, au service du duc de Savoie, notre allié. Sa vie a été écrite par Michel Baudier. Paris, Séb. Cramoisy, 1644, in-fol.

gouverneur, devoit estre bientost en cette ville, dedans un jour ou deux. »

Les papiers secrétariaux de la ville de Niort nous fournissent d'un autre côté les renseignements suivants :

« Séance générale et extraordinaire du 6 janvier 1625, après midi.

« Nous, dit Pastureau, maire, avons fait entendre que M. de Brassac [1], lieutenant général en ce pays, nous a fait entendre qu'il désire que la retraite soit sonnée tous les soirs, et que les hostes nous apportent les noms de ceux qui logeront en leurs maisons; pareillement que le maistre de la poste nous donne advis des courriers qui passeront, si faire se doibt, et si le service du roy n'en est retardé; que nous avons bien voullu communicquer à la présente assemblée et en avoir advis : a esté par tous unanimement délibéré et par nous conclud que la volonté de mondit sieur de Brassac sera exécutée entièrement, et de plus que les murs de la ville seront réparez ès lieux les plus ruynez, mesmes où il est difficile de passer les rondes qui se font nuitamment. Pareillement a aussi esté conclud que les descentes ès fossez seront réparées, et le plus diligemment que faire se pourra, et y sera mis journalliers qui seront commandez par les eschevins et pairs, ordonnez par chascun jour à cette fin; le billet sera par nous envoyé. Les ponts-levis seront aussi raccoustrez en telle sorte qu'ils puissent lever et baisser facilement, et que la tour nouvellement tombée proche de la porte Saint-Jean, du costé du prieuré, et autres grandes brèches survenues audit lieu, près le portal, seront aussy refaites, attendu qu'on peult facilement monter par la ruyne d'icelle, et que la ronde ne se peult faire audit lieu si elle n'est réparée; et en sera livré le rabbais, et des corps de garde et sentinelles, publié le jourd'hui, sera livré demain, attendu l'urgente nécessité. »

Ces réparations coûtèrent à la ville 745 livres et furent termi-

[1] Jean de Gallard de Béarn, comte de Brassac, nommé en 1612 lieutenant du roi à Saint-Jean-d'Angely, dont le gouvernement appartenait à Soubise. Après avoir été gouverneur des pays de Saintonge et d'Angoumois, il fut envoyé en Lorraine. Nommé ambassadeur à Rome en 1629, il devint surintendant de la maison de la reine, et mourut en 1645.

nées le 31 janvier. A la même époque, le maire de Niort fit acheter 200 livres de poudre, au prix de 19 sous la livre. De nouvelles réparations aux murs de la ville furent jugées nécessaires, le 2 avril suivant; car voici ce qu'on lit dans le procès-verbal de la séance de ce jour :

« De l'advis des assistans, a esté conclud que la réparation nécessaire à faire ès murs de cette ville sera continuée, et que Nicolas Bardon payera à Bouchault, preneur du rabbais d'icelle, la somme de six cens livres. »

Le 8 janvier, le roi Louis XIII écrivait au maire et aux échevins de Poitiers la lettre missive suivante :

« À NOS TRÈS-CHERS ET BIEN-AMEZ, LES MAIRE, PAIRS, ESCHEVINS ET BOURGEOIS DE NOSTRE VILLE DE POICTIERS.

« DE PAR LE ROY.

« Très-chers et bien-amez, aiant résolu de nous servir de la compagnie de Suisses qui est establie en garnison en nostre ville de Poictiers, et l'employer à l'effaict et exécution de nos intentions, sur les occurrences qui s'offrent en nostre province de Poictou, concernant le repos, seureté et conservation d'icelle en nostre obéissance, nous vous faisons ceste lettre qui vous sera rendue par le sieur baron de Sauljon, que nous envoyons promptement par delà, par laquelle nous vous mandons et ordonnons qu'incontinent icelle receue, vous aiez à faire sortir ladicte compagnie de Suisses, pour s'acheminer aux lieux et endroitz qui luy seront ordonnez de nostre part, et selon que ledict baron de Sauljon vous faira entendre estre de nosdictes intentions, dont vous le croyrez, avec asseurance que nous donnerons ordre de faire, au plus tost, retourner ladicte compagnie en nostredicte ville; vous enjoignant cependant de faire si bonne et seure garde aux portes d'icelle, qu'il n'en puisse arriver aucun inconvénient. En quoy nous promettant que vous ferez tout bon devoir, nous ne vous en ferons ceste-cy plus expresse.

« Donné à Paris, le viiie jour de janvier 1625. »

Signé « LOUIS, » et plus bas, « PHELIPEAUX. »

Cette lettre importante fut lue, le 13 janvier, devant le conseil de la ville de Poitiers, qui résolut de prendre les mesures les plus efficaces pour pourvoir à la sûreté de la ville. Dès le lendemain, à une heure, le maire de Poitiers, René Buignon, sieur de La Tousche, réunit les capitaines des six compagnies de la ville, au logis du gouverneur, Chasteigner de Saint-Georges, « pour conférer avec luy de la forme que l'on devoit faire les gardes en ceste ville et de l'ordre qui s'y doit tenir et garder. » On décida « de faire aller en garde, depuis six heures du soir jusques au lendemain six heures aussi du soir, qui sont vingt et quatre heures, une demie-esquadre de chascune compagnie, aux six portes de cette ville; de mettre des intendans aux portes, le jour, et faire bonnes gardes, sur peine, à ceux qui défaudront de faire leur devoir, de grosses amendes, qui seront jugées et taxées par MM. les capitaines, et s'il y a tels qui ayent si grand crédit et aucthorité en cette ville, que M. son capitaine ne le veuille taxer, comme sont MM. les conseillers, trésoriers et autres, il est ordonné que lorsqu'ils défaudront d'aller ou envoyer aux gardes, leurs noms seront rapportez au prochain conseil ordinaire, et là seront jugez et taxez à 20 sols d'amende ou plus grande, ainsi qu'il sera advisé par le corps de ville. Comme aussi a esté advisé par ledit sieur gouverneur que MM. lesditz capitaines, lieutenans et enseignes accompagneront leurs soldatz à la place où l'on s'assemble pour faire les gardes, et les iront voir et visitter souvent aux portes de la ville, pour leur donner courage d'y aller. Laquelle proposition et advis pris par MM. les capitaines a esté receu et approuvé par le corps de ville, lequel aussi a trouvé bon, et pour la seureté de cette ville, que M. le maire et MM. les capitaines, chascun en son cartier, visitteront dans les maisons des habitans pour sçavoir quels gens et armes ils ont chez eux, et nommément chez ceux de la religion prétendue, pour ce qu'il semble que c'est de là d'où doit venir tout nostre mal; Dieu le veuille destourner et empescher leurs desseins! et qu'il sera publié et affiché aux cantons et carrefours de cette ville qu'un chascun aye à faire bonne garde, ainsi qu'il est spécifié cy-dessus, et à obéir aux ordonnances de cette maison commune et à leurs capitaines; et que tous les vagabons et gens sans adveu aient à vuider la ville dans vingt-quatre heures[1]. »

« Le 11 janvier furent présentées à l'assemblée des maire et échevins de la ville de Niort les lettres de provision du roi, en date du 6 janvier, donnant au « sieur baron de Neuillan, Charles de Bodcant, l'estat et charge de cappitaine et gouverneur de notre ville et chasteau de Nyort, que naguères soulloit tenir et exercer le sieur comte de Parabère, Henry de Baudeant, vaccant à présent par la pure et simple démission qu'il en a ce jourd'huy faite en nos mains par son procureur. »

Le même jour « M. de Brassac, lieutenant général pour Sa Majesté, en cette province de Poictou, assistant en la présente assemblée avec M. le baron de Neuillan, notre gouverneur, a fait entendre la volonté du roy estre que l'on commance les gardes en cette ville, ainsy qu'on a desjà fait ès villes circonvoisines; a exhorté de par Sa Majesté tous les assistans à paix, union et concorde; que Sadite Majesté veult que les gardes se facent par tous les habitans, ainsi qu'elles se faisoient cy-devant, et selon l'estat qu'en avoit dressé M. de Parabère, soubz signe du roy, amplifiant ou modifiant selon les occurances; que tous les eschevins, cappitaines y desnommez restirent le serment qu'ils avoient presté ès mains dudit sieur de Parabère; qu'au lieu des trois catholicques deceddez soyent mis trois autres eschevins aussy catholicques, selon l'ordre de leur réception. Ce qui a esté présentement fait des personnes de François Augier, escuyer, sieur du Vieulx Moullins; Pierre Thibault, escuyer, sieur d'Allerit, et Pierre Pastureau, escuyer, sieur des Vignes, qui tous trois ont fait et presté le serment de garder cette ville et l'obéissance du roy, par-devant mondit sieur de Brassac, etc.[2] »

Pendant ce temps-là, le cardinal de Richelieu redoublait d'activité. Le 12 janvier il écrivait à M. de la Ville-aux-Clercs, notre ambassadeur en Angleterre : « Vous sçavez maintenant comme les huguenotz ont commencé à nous tailler de la besogne, met-

[1] *Registre de la commune de Poitiers*, fol. 104 et 105.
[2] *Papiers secrét. de Niort*, p. 341.

tans quelques vaisseaux en mer et se saisissant de l'île de Ré. Mais cela ne divertira point le roy de ses premiers desseings; ains au contraire il s'y fortifie plus que jamais, et les exécuttera avec diligence. Le roy arme quatorze vaisseaux de quatre cens tonneaux chacun, pour humillier messieurs les prétendus refformez; six roberges du roy de la Grande-Bretagne seront fort bienséantes avec cela, pour faire voir à tout le monde l'union qui est entre les deux couronnes, et oster l'espérance à un chacun que la mauvaise volonté des huguenotz puisse dorénavant avoir aulcun effect. Jamais action ne fut trouvée si noire que celle des frères antichrist [1], qui, voyant le roy embarqué pour les intérests et la gloire de sa couronne, prennent les armes pour troubler la feste [2]. »

Le 17 janvier le conseil de la ville de Poitiers recevait de nouveau la lettre suivante, écrite le 10 du même mois.

« DE PAR LE ROY.

« Très-chers et bien-amez, nous vous avons cy-devant mandé, par le sieur baron de Saujon, la résolution que nous avons de nous servir de la compagnie de Suisses qui est en garnison en nostre ville de Poictiers, pour l'employer sur aucunes occurrences concernans le bien de nostre service, et que vous eussiez à laisser sortir ladicte compagnie pour s'acheminer aux lieux qui luy seroient commandez de nostre part; en suitte de quoy aiant ordonné au sieur de Guron [3], conseiller en nostre conseil d'Estat, de prendre ladicte compagnie pour la conduire aux lieux où nous luy avons commandé, nous vous avons voulu faire cette lettre, par laquelle nous vous mandons et ordonnons que vous ayez à luy faire donner ladicte compagnie pour l'effaict que dessus, sans y apporter aucun retardement, sur tant que c'est chose qui importe au bien de nostre service; vous confirmant encores par celle-cy que nous fairons au plus tost retourner ladicte compagnie en

---

[1] Les deux Rohan.

[2] *Lettres du cardinal de Richelieu*, t. II.

[3] Jean de Rechignevoisin, seigneur de Guron, fils de Gabriel de Rechignevoisin, nommé gouverneur de Marans, le 5 octobre 1626, ambassadeur en Savoie en 1628 et mort en 1635.

ladicte ville. Et, nous promettant que vous satisfairez à ce qui est en cela de nostre volonté, nous ne la vous fairons plus expresse.

« Donné à Paris, le x⁰ jour de janvier 1625. »

Signé « LOUIS, » et plus bas, « PHELYPPEAUX. »

« A esté ordonné, dit le procès-verbal, qu'il sera faict response au roy, par laquelle sera tesmoignée l'obéissance des habitans de cette ville à la volonté de Sa Majesté[1]. »

A la séance du 20 janvier, le maire de Poitiers exposa « que, en exécutant l'ordonnance de cette maison commune donnée sur la lettre du roy, pour le départ des Suisses de cette ville, il avoit donné tel ordre qu'ils estoient bougez de cette ville samedy dernier, 18 du présent mois et an, pour aller où le roy avoit mandé au sieur de Guron de les conduire. » En même temps des serruriers avaient été envoyés pour faire les réparations nécessaires aux portes Saint-Lazare, du Pont-Achar et des Chesnes.

Un arrêt du conseil du roi venait d'imposer « une taxe de mille livres tournois sur ceux de la religion prétendue de chaque ville, pour aider à paier le bois et chandelle qui se bruslent aux corps de garde. » Copie de cet arrêt fut envoyée aux habitants de Châtellerault, et, le 23 janvier, le maire de Poitiers, vu « les plaintes des habitans qui couchent aux gardes, du peu de bois qu'on leur donne pour passer les nuits, qui sont fort longues et froides, donne charge aux portiers des six portes de cette ville de fournir de bois et chandelle aux six corps de garde, sçavoir : pour chascun soir, à chascun desditz corps de garde trois fagotz, deux busches et quatre chandelles de seize à la livre, auxquels ledict sieur maire a donné la somme de douze solz à chascun. »

Cependant Soubise, ayant réussi à surprendre la flotte de Blavet, était lui-même resté enfermé dans le port, dont la passe étroite est facile à défendre, et son entreprise était désavouée par ses coreligionnaires. Le 21 janvier les députés généraux des églises réformées de France résidant près la personne du roi signèrent un acte portant désaveu des entreprises faites contre l'autorité du

---

[1] *Registre de la commune de Poitiers*, fol. 106 v° et 107 r°.

roi et le repos public. La copie de cette déclaration, imprimée à l'instant, se trouve dans les papiers secrétariaux de la ville de Niort.

Néanmoins le roi, sentant la nécessité d'augmenter ses forces militaires, mettait sur pied 6,000 hommes en Bretagne et autant en Poitou; de plus les armées de Champagne et de Picardie étaient renforcées de 12,000 hommes et 2,000 chevaux, ce qui portait l'effectif de ses troupes à 60,000 hommes de pied et 6,000 chevaux[1]. Le gouvernement crut devoir à cette occasion adresser aux villes du royaume une déclaration des motifs qui justifiaient cette levée considérable. Une déclaration générale parut le 25 janvier. En attendant le roi écrivait, le 23, au maire et aux échevins de Poitiers la lettre suivante :

« À NOS TRÈS-CHERS ET BIEN-AMEZ, LES MAIRE, PAIRS, ESCHEVINS ET BOURGEOIS DE NOSTRE VILLE DE POICTIERS.

« DE PAR LE ROY.

« Très-chers et bien-amez, le désir que nous avons de maintenir la paix dans nostre royaulme et de faire jouir tous nos subjectz d'un doux et assuré repos, sous nostre obéissance, nous a faict entendre avec déplaisir qu'aucuns particuliers de la religion prétendue réformée aient entrepris de se soulever contre nostre aucthorité, et de troubler la tranquilité de cest Estat, pour divertir les heureux commencemens des généreuses et sainctes résolutions que nous avons prises, pour l'assistance et protection des anciens aliez de cette couronne; et que leurs menées et praticques ont passé si avant que de prendre les armes, se saisir de l'isle de Rhé et d'armer des vaisseaux pour dépréder, comme ils ont desjà commencé ceux de nos subjectz qui traficquent le long des costes de nos mers de Ponant. Nous avons résolu, pour arrester le cours de leurs pernicieux desseins et garentir nos villes et places de touttes surprises, de mettre sus, en aucunes de nos provinces où les praticques desdictz factieux semblent avoir plus de forces, des trouppes, tant de pied que de cheval, comme aussi faire armer

[1] *Lettres du cardinal de Richelieu*, t. II.

nombre de bons vaisseaux avec cette seule intention de conserver en repos nos bons et fidelles subjectz, et de réprimer et chastier ceux qui se getteront dans la rébellion. En quoy, comme nous sommes assurez que nos sincères intentions seront suivies, non-seulement de nos subjectz catholiques, mais aussi du général de ceux de la religion prétendue réformée qui aiment la prospérité de cest Estat et la réputation de cette couronne, nous entendons aussi qu'ils soient maintenuz dans les graces et facultez à eux concédées par nos esditz, et que tous nosdictz subjectz, tant catholicques que de la religion prétendue réformée, vivent en bonne union et concorde, sous nostre obéissance et l'observation d'iceux : dont nous vous avons bien voulu informer par cette lettre, vous exhortans de veiller soigneusement à vostre seureté et conservation, en telle sorte qu'il ne puisse estre rien entrepris contre vous qui puisse apporter préjudice à nostre service et troubler vostre repos et tranquillité.

« Donné à Paris, le xxiiie jour de janvier 1625[1]. »

« Signé « LOUIS, » et plus bas, « PHELYPEAUX. »

Le même jour, le roi adressait au baron de Neuillan, le nouveau gouverneur de la ville de Niort, les instructions suivantes :

« Monsieur le baron de Neuillan, vous verrez, par la lettre que je fais aux habitans de ma ville de Nyort, ce qui est de mes intentions sur les praticques et menées qu'aucuns particuliers de mes subjectz de la religion prétendue réformée font contre mon service, et les effectz qu'ils en ont fait paroistre en la levée des armes, en la prise de l'isle de Ré; vous aurez soing de les en rendre bien capables, et de les exhorter de vivre en bonne union et concorde, soubz mon obéissance et l'observation de mes édictz, sans entrer en aucune alarme qui puisse apporter de l'altération entre eux. Je vous ordonne aussy d'apporter pour leur seureté et conservation vostre soing et vigilance acoustumée, asseuré que le service que vous me rendrez en ce subject me sera bien agréable.

---

[1] *Registre de la commune de Poitiers*, fol. 119 r°.

Sur ce, je prie Dieu, Monsieur le baron de Neuillan, vous avoir en sa saincte garde.

« Escrit à Paris, le xxiii janvier 1625. »

Signé « LOUIS, » et plus bas, « PHELYPEAUX. »

Et au-dessus : « A Monsieur le baron de Neuillan, gouverneur de ma ville et chasteau de Nyort. »

Le lendemain, 24 janvier, le roi mandait à M. de Brassac, lieutenant général en Poitou, résidant à Niort :

« Monsieur de Brassac, je vous ay cy-devant informé, sur les divers advis qui m'estoient donnez des entreprises qui se font contre mon service par aucuns de mes subjectz de la religion prétendue réformée, des remèdes que j'ay résolu d'employer pour empescher que ce mouvement ne passe plus avant. Maintenant je vous diray que, comme d'un costé j'ai donné ordre de mettre des forces sur pied, tant par mer que par terre, aux lieux où il y a le plus à craindre, et pour réprimer la désobéissance et rébellion commise en la prise de l'isle de Ré, et autres actions qui se sont depuis ensuivies; aussy d'ailleurs afin que mes fidelles subjectz de ladicte religion qui se contiendront en debvoir ne prennent aucune part en ce mouvement, et cognoissent qu'ils sont soubz ma protection, et qu'ils n'entrent en ombrage qu'on voulleust attenter quelque chose avec lesdictes forces contre leurs personnes, au préjudice de la paix publicque, j'ay désiré faire sçavoir à mes subjectz, par une dépesche généralle que je fais présentement, et aux maires, consulz et eschevins de mes principalles villes, attendant que je face expédier une plus expresse déclaration sur ce subject, ce qui est de mes bonnes et sincères intentions, lesquelles n'ont autre but que de courir sus aux rebelles qui se sont soubzlevez contre mon authorité, et protéger les autres qui demeureront soubz mon obéissance. Et envoyant à mon cousin, le comte de La Rochefoucault, les lettres qui regardent ma province de Poitou, pour les faire distribuer, je vous en ay voulu donner advis par cette-cy, et vous exhorter de veiler de vostre part à la seureté et conservation de mes bons et fidèles subjectz, en sorte qu'il ne soit rien entrepris contre eux, au préjudice de mesdictz édictz et de leur repos et tranquillité commune. Sur ce, je prieray Dieu, Monsieur de Brassac, vous avoir en sa garde.

« Escrit à Paris, le xxiii janvier 1623. »

Signé « LOUIS, » et plus bas, « Phelipeaux. »

Et en la suscription : « A Monsieur de Brassac, conseiller en mon conseil d'Estat, cappitaine de cent hommes d'armes de mes ordonnances, et mon lieutenant général en Poictou[1]. »

Le lendemain, 25 janvier, fut publiée et imprimée la déclaration du roi contre le sieur Soubise et ses adhérents; elle fut vérifiée en parlement le 18 février suivant.

Le 1er février, en envoyant cette déclaration à M. de Brassac, le roi lui écrivait de nouveau :

« Monsieur de Brassac, le général de mes subjectz de la religion prétendue réformée m'ayant icy faict donner des asseurances de leur affection et fidélité au bien de mon service, et protesté de ne voulloir prandre aucune part au mouvement suscité par le sieur de Soubize et ses adhérans, je n'ay pas voullu différer davantage à faire expédier mes lettres de déclaration, tant pour confirmer à ceulx de mes subjectz de ladicte religion qui demeureront soubz mon obéissance ce qui est de mes bonnes et sincères intentions, pour les maintenir et protéger soubz le bénéfice de mes esdictz, que pour déclarer ledict sieur de Soubize et ceux qui se sont joints à sa faction criminelz de lèze-majesté, affin qu'il soit proceddé contre eux, comme infracteurs et perturbateurs du repos public; et, les envoyant présentement à mes cours de parlement, pour estre enregistrées, leues et publiées où besoin sera, je vous en ay voullu envoyer coppie et vous exhorter par cestecy de tenir la main, en ce qui deppendra de vous, à ce qu'elles soyent gardées et observées exactement, aux lieux où vous estes, sans permettre qu'il soit contrevenu en aulcune manière. Et, m'assurant que vous accomplirez soigneusement ce que je vous faiz

[1] *Papiers secrét. de Niort*, p. 549.

sçavoir estre en cela de ma volonté, je ne la vous feray plus longue et expresse ; priant Dieu, Monsieur de Brassac, vous avoir en sa saulve garde.

« Escrit à Paris, le 1er février 1625. »

Signé « LOUIS, » et plus bas, « PHELYPEAUX. »

Et au-dessus : « A Monsieur de Brassac, conseiller en mon conseil d'Estat et mon lieutenant général en Poitou. »

Le 27 janvier, le maire de Poitiers, « attendu les nouvelles certaines qui courent que M. de Soubize, assisté des huguenotz et mescontens, a pris les armes et est sur la mer, avec quantité de soldatz et vaisseaux, et s'est saisy de plusieurs ports de mer, prie MM. du conseil d'adviser aux moyens que l'on doit tenir pour obliger un chascun, et particulièrement les plus riches et qualifiez de cette ville, dont la plus grant part n'y envoye point du tout, d'y aller, ou envoyer gens capables. — A esté ordonné que les caporaux aporteront tousjours les nomps des défaillans aux gardes, de quelque qualité qu'ils soient, à leurs capitaines, pour estre taxés par eux à l'amande, attendu que c'est pour le service du roy et la conservation de cette ville et faict de police et de guerre[1]. »

Dans la même séance, le conseil, appliquant cette ordonnance au nommé Cailleteau, rend l'arrêt suivant : « En cas qu'il ne veuille obéir aux ordonnances de ce corps de ville, sera mis hors de cette ville, comme un corps pourry et indigne de vivre avec les bons habitans qui ne respirent que le service du roy et seureté de cette ville[2]. »

Les bourgeois de Poitiers ne paraissent pas avoir tenu grand compte de ces injonctions, car, le 2 février, le maire ayant « présenté et faict voir les lettres du roy, escriptes de Paris, le 23 janvier 1625, portant les raisons qui le meuvent de faire levée de gens de guerre, en prit occasion de se formaliser du peu de soing que les habitans de cette ville aportent à faire les gardes, et

[1] *Registre de la commune de Poitiers*, fol. 111 r° et v°.
[2] *Ibid.* fol. 115.

d'exhorter un chascun d'y faire son devoir, et prier MM. les capitaines d'y tenir la main; autrement, qu'il sera contraint, d'en donner advis au roy. — A esté ordonné que la lettre du roy sera enregistrée, et qu'il y sera obéy en tout et partout, et que les gardes se fairont exactement, sans exception de personne, sur peine de grosses amendes, avec intendances et rondes, pour obvier aux malheurs et inconvéniens qui peuvent arriver en ce temps où ceux de la religion prétendue veulent prendre les armes contre leur roy; et est M. le maire prié de mander le ministre et quelques antiens de leur prétendue religion, pour leur communiquer la lettre du roy, qui tesmoigne par icelle qu'il a un souing particulier de ceux qui demeureront en leur devoir et se tiendront en son obéissance; à quoy ledit sieur maire les exhortera de se comporter modestement en touttes leurs actions[1]. »

Le zèle du maire de Poitiers ne se ralentit point, et jusqu'à ce que tout danger eût disparu, il ne cessa de revenir sur les mêmes menaces, presque à toutes les séances du corps de ville. Quoique la ville ne fût pas sérieusement menacée, des partis ennemis battaient déjà la campagne. Le voisinage des gens de guerre que le roi faisait armer en Poitou, loin d'être une garantie pour la sûreté des personnes semblait au contraire un danger, tant était grande l'indiscipline des armées à cette époque. Le 10 février, en effet, le maire de Poitiers propose au conseil « que, pour éviter les inconvéniens qui arrivent ordinairement aux lieux et endroictz où s'assemblent les capitaines et soldatz, pour droisser les régimens que Sa Majesté veult mettre sur pied en cette province de Poictou, il est nécessaire d'envoyer par devers M. le comte de La Rochefoucault, gouverneur général de cette province, aux fins de le supplier de commander auxditz capitaines et soldatz qui ont charge et commission de droisser et mettre sur pied lesditz régimens, de ne s'assembler ny faire de logemens en aucun lieu et endroict proche de cette ville de Poictiers de plus de huict à dix lieues... Et a esté nommé pour cet effaict maistre Pierre Barraud, bourgeois et procureur à la ville et police... Et,

---

[1] *Registre de la commune de Poitiers*, fol. 118.

attendu que les rebelles au roy et ennemis de cette ville ont pris les armes et battent la campagne, et que par ce moyen il peut arriver de l'inconvénient audit sieur Barraud, comme est d'estre arresté prisonnier et paier rançon, ou estre volé et dévalisé par les chemains, ou autre infortune et accident en sa personne et biens, pour le subjet de ladite députation, a esté arresté par ledit corps de ville qu'il sera indemnisé par iceluy, et satisfaira auxditz inconvéniens, et à ce faire a obligé tout le temporel de la maison commune et de faire les fraitz de ladite députation.

« Il est aussi enjoint à tous estrangers sans adveu, soldatz, vagabons et autres gueux et mandians valides, de sortir hors de cette ville dans vingt et quatre heures, sur peine du fouet; et deffences sont faictes à touttes personnes d'amasser et assembler soldatz en cette ville, sans que premier ils n'aient faict registrer leur commission au greffe, et pris attache de M. le gouverneur et de M. le maire [1]. »

Le 17 février, « sire Jacques Majaud, pair et antien maire, a faict pleinte de ce que, le huictiesme de ce mois, il envoyoit en sa maison aux champs, dans une charrette deux fagois de plantas de muscatz, et qu'arrivanz à la porte de la Tranchée, les soldatz qui estoient lors en garde arrestèrent le chartié et l'empeschèrent de sortir, voulans exiger de luy la somme de cinq solz tournois. A quoy le serviteur ou mesager ne pouvant satisfaire, pour n'avoir point d'argent, lesditz soldatz luy ostèrent un des deux fagotz de muscatz et le reteinrent, ce qui est contre la raison et les ordonnances de cette maison commune et action plustost de larron que de soldat [2]. »

Le même jour « maistre Pierre Barraud, procureur à la police et député du corps de ville depuis huit jours, pour aller voir M. de La Rochefoucault, et le prier d'eslongner les trouppes de gens de guerre de sept ou huit lieues de cette ville, s'est présenté au conseil, ne faisant que d'arriver et mettre pied à terre de sadite députation, pour y rendre raison comme il a faict de sa négotiation; et a rapporté lettres adroissantes au corps de ville de M. de

---

[1] Registre de la commune de Poitiers, fol. 120 v° et 121 r°.
[2] Ibid. fol. 124.

La Rochefoucault, par lesquelles il tesmoigne qu'il est grandement affectionné à cette ville et qu'il ne lairra perdre aucune occasion de l'assister, et nommément en l'eslongnement desditz soldatz des approches de cette ville de six à sept lieues, moyennant qu'il en soit adverty[1]. »

Sur ces entrefaites, Soubise, étant sorti du port de Blavet avec six gros vaisseaux du roi, dans la nuit du 6 février, se fortifiait dans l'île d'Oléron et rentrait au port de la Rochelle, où il était accueilli avec enthousiasme par ses partisans. Le corps de ville, au contraire, qui venait de renouveler au roi des protestations pacifiques, refusait obstinément de se déclarer pour la guerre. Le vieux connétable de Lesdiguières, sachant bien que cette révolte de ses coreligionnaires allait le priver des moyens de poursuivre la conquête de la Ligurie, écrivit à Soubise, du camp de Gavi, le 21 avril 1625, pour le conjurer d'accepter les propositions de paix du roi.

A la même date, le conseil de la ville de Poitiers, considérant que « deux caves creusées sous le rocher, proche la porte Saint-Lazare et touchant l'hostellerie du Dauphin, estoient capables de cacher et tenir couvers deux à trois cens hommes armez, qui y peuvent aborder par le moyen dudit rocher, lequel est faict en façon de marches, et par ce moyen surprendre ladite porte, estans aydez de ceux qui seroient au-dessus dudit rocher, qui en mesme temps pourroient descendre avec ceux qui seroient dans lesdites caves, pour se saisir de ladite porte inopinément, et surprendre la ville ; a ordonné que, attendu la conséquence de l'affaire, qui importe de la seureté de toute ceste ville, lesdittes caves et roches seront coupées et comblées... Et doit la maison commune soustenir que les lieux où sont lesdittes roches et caves ont esté récompencez par le roy, lorsque les maisons qui estoient basties en cet endroit feurent abatues, qui feust durant le siége de ceste ville, comme il se pourra justifier par les mémoires, papiers et acquis qui sont au trésor de cette maison commune[2]. »

Les efforts de l'ennemi s'étant tournés vers le Midi, où les pro-

---

[1] *Registre de la commune de Poitiers*, fol. 1
[2] *Ibid.* fol. 153 et 155.

testants étaient nombreux, Toiras dut entrer dans l'Angoumois, à la tête du régiment de Champagne, au milieu du mois d'avril. Rohan, de son côté, prenait les armes en Languedoc, et, dans l'assemblée de Castres, il se faisait nommer, le 1ᵉʳ mai, général des églises réformées. Un grand nombre de villes protestantes refusaient néanmoins d'ouvrir leurs portes à la révolte. A la Rochelle, ce fut sous la pression du parti populaire, favorisé par le nouveau maire, Jacques David, que le corps de ville donna tardivement son adhésion à l'entreprise des deux Rohan. Le 5 mai, les procureurs des bourgeois et un certain nombre de délégués des quarante-huit étant venus au conseil assemblé à l'hôtel de ville, le plus fougueux d'entre eux, Mocquay, « fit lecture d'un escript portant une résolution de ladite compagnie des quarante-huit, contenant... que tous ceux du corps de ville seroient contraints à consentir à faire l'union et jonction avec M. de Soubise, et qu'à faulte de ce faire, ilz seroient déclarez déserteurs du bien publicq, eulx, leurs familles et adhérents mis et chassez hors ladite ville. Sur quoy, il pourra estre remarqué de quelle façon et violence lesdits du corps de ville sont forcés et contraints aux volontés et résolutions desdits bourgeois, et que les advis du corps de ville ne sont libres ni asseurés [1]. »

Quoique les révoltés n'aient essayé aucune attaque contre les villes du Poitou, les maires et gouverneurs se tenaient toujours soigneusement en garde contre les surprises de l'ennemi. Le 3 mars, le corps de ville de Poitiers, renouvelant une ordonnance rendue peu de temps auparavant, prescrit « qu'il sera crié et publié, à son de trompe et cry publicq, que tous les vagabons et gens sans adveu aient à vuider la ville dans vingt-quatre heures, sur peine du fouet, et qu'il sera mis gens aux portes aux despans de la ville, pour empescher qu'ils n'entrent à ces foires de la mi-caresme [2]. » Le maire de Poitiers crut devoir réitérer les mêmes ordres à l'occasion des fêtes de Pâques [3].

---

[1] Guillaudeau, cité dans les *Éphémérides hist. de la Rochelle*, p. 142, la Rochelle, 1861, in-8°.

[2] *Registre des délibérations de la commune de Poitiers*, fol. 127.

[3] *Ibid.* fol. 139.

Les magistrats niortais n'étaient pas moins vigilants « Le 5 may, sur la proposition du sindicq, afin d'adviser à la seureté et conservation de ceste ville en l'obéissance du roy, à cette foyre prochaine de la Saint-Jean de may, a esté par tous délibéré et par nous conclud, à la pluralité des voix, que la foyre pour le bestail, qui a accoustumé de tenir au Vieulx-Marché de cettedite ville, tiendra au faulbourg du port et havre de cette ville, en toutes les places plus commodes audit faulbourg; et, pour le regard des armes de ceux qui viendront à ladite foyre, que ils seront priez de les laisser aux portes et corps de garde où ils entreront, jusqu'à ce qu'ils soient arrivés ès logis où ils iront loger : que ils prieront aussy leur hoste de s'en aller chercher vers le caporal qui les aura retenues, et ledit caporal audit cas les délivrera incontinent audit hoste; que l'on fera des patrouilles et doublera-t-on les gardes, si besoin est, ou bien que l'on tiendra l'une des portes de la ville fermée : et toutefois que en tout on prendra l'advis de M. notre gouverneur, qui sera suyvy. »

Le même jour, « veu les visites des réparations faites ès murs de cette ville en date des xxiiie jour de mars, xviie et dernier avril, a esté par tous délibéré et par nous conclud que Samuel Bouchauld et Daniel Jacob, maistres massons, seront payez du restant des deniers à eux deubs par le corps de céans pour les cinq brèches par eux refaites ès murs de cette ville, tant du costé des Tanneries que de la Petite-Boucherie, et que le tout desdits deniers, montant la somme de neuf cens soixante et six livres, pour soixante-neuf brasses de murailles par eux refaites, sera allouée à Nicolas Bardon, receveur desdits deniers communs de céans. Et pareillement sera payé à Jean Turrade, François Moreau et Vincent Sauvage la somme de trois cens vingt-deux livres, à eux deubs par ledit corps pour la brèche par eux refaite ès mur de cette ville, entre la porte de Saint-Jean et la Melaise, et ce pour vingt-trois brasses de murailles par eux refaites, à raison de quatorze livres la brasse de muraille [1]. »

Le 12 mai, le maire de Poitiers exposa « qu'il avoit esté voir M. de Poictiers pour le bienveigner de son retour de Paris,

[1] *Papiers secrétariaux de la ville de Niort*, p. 557, 558, 559.

lequel luy auroit parlé et proposé de faire acomoder un gros canon qu'il avoit en son logis, lequel apartenoit à la ville, qui estoit gasté en son affust, et rompu en telle façon qu'il ne peut servir, et que, pour le faire remonter, il s'offre de donner la somme de cent livres. A esté ledict sieur de Poictiers remercié de son offre, qui a esté acceptée, et est M. le maire prié de l'aller remercier, et luy faire les recommendations du corps de ville qui accepte son offre, et lequel aussi a ordonné que ledict canon, estant racomodé, sera mené et mis dans l'arsenac de ceste ville. — A aussi ledict conseil ordonné que tous les canons qui sont épars par ceste ville dans des maisons particulières seront retirez et mis en l'arsenac, pour y avoir recours quand besoin sera [1]. »

Le 17 mai le roi adressait au maire et aux échevins de Poitiers la lettre suivante :

« À NOS TRÈS-CHERS ET BIEN-AMEZ, LES MAIRE, PAIRS, ESCHEVINS ET BOURGEOIS DE NOSTRE VILLE DE POICTIERS.

« DE PAR LE ROY.

« Tres-chers et bien-amez, sur les advis qui nous sont donnez de jour à aultre des pratiques et menées qui se font en nostre province de Poictou par aucuns de nos subjetz de la religion pretendue réformée, pour entreprendre sur les principalles villes et places de ladicte province et s'en prévaloir, à l'avantage de la faction qui est excitée maintenant contre nostre service, nous vous faisons ceste lettre, par laquelle nous vous mandons et ordonnons très-expressément de redoubler les gardes, tant de jour que de nuits en nostre ville de Poictiers, aportant tel souing et vigilance pour la seureté et conservation de ladicte ville sous nostre obéissance qu'il ne s'y exécute aucune entreprise au préjudice de nostredict service. Sy n'y faites faulte, sur tant que vous estes obligez par le debvoir de bons et loyaux subjetz et par la considération de vos propres intérests.

« Donné à Paris, le xvii° jour de may 1625. »

Signé « LOUIS, » et plus bas, « PHÉLYPEAUX [2]. »

[1] Registre des délibérations de la commune de Poitiers, fol. 165.
[2] Ibid. fol. 185 et 186.

« Sur quoy le conseil enjouint à tous les habitans d'aller aux gardes de six en six jours, chascun en son escadre... Et a ordonné que la lettre cy-dessus, avec l'ordonnance au piet seront imprimez et affichez aux cantons et carrefours de ceste ville, et publiez à son de trompe, affin qu'un chascun en soit adverty et se dispose à y obéir.

« Il est enjouint à tous les poudriers de ceste ville de tenir registre au vray des poudres et salpestres qu'ils ont, et de la quantité et à quelles personnes des habitans de ceste ville ils en vendent et combien, dont ils seront tenuz et obligés d'en advertir M. le maire et MM. du corps de ville tous les lundis au conseil ordinaire, et y rapporter leursdictz registres, sur peine aux contrevenans de trente livres d'amende.

« Comme aussi deffences très-expresses leur sont faictes, et à tous ceux qui vendent de la poudre à canon et salpestre, d'en vendre et débiter hors de ceste ville, ne à aucuns estrangers ne à aucun de ceux de la religion prétendue réformée, tant habitans de ceste ville que externes [1].

« Il est ordonné comme autrefois que les canons, fauconneaux et autres pièces qui servent à la deffence de ceste ville, et qui luy apartiennent, seront montées et raccommodées de tous points, en telle façon qu'elles puissent servir à la première occasion, et mises en l'arsenac de ceste ville, pour y estre trouvées à point nommé [2]. »

Si les villes eurent peu à souffrir durant ces temps de troubles, les campagnes étaient en proie aux attaques de l'ennemi et aux exactions de l'armée royale. On en jugera par les extraits suivants.

Le 16 mai, le corps de ville de Niort « depute nobles hommes, Toussaint de la Rivière, sieur de Lometrou, et M. Guerier, advocat au parlement de Bourdeaux, et pair, pour eux transporter par devers Mgr le mareschal de Praslin, à Mauzé, en la part où il sera, pour luy faire entendre les vexations et viollences que les gens de guerre qui sont logez ès bourgades, villages circonvoisins de cette ville, commettent, et connoistre la permission que Mgr de La Rochefoucault a donnée aux habitans de cette ville de leur

---

[1] *Registre des délibérations de la commune de Poitiers*, fol. 186, 187.
[2] *Ibid.* fol. 187.

courir sus, pour recouvrer leur bestail et autres choses qu'ils ramassent aux habitans desdites paroisses. En exécution de laquelle commission lesdits habitans, ayant eu advis de l'excez commis en la personne de Philippe de Villiers, escuyer, sieur de La Porte, ont armé quelque petit nombre d'entre eux pour aller au secours dudit de Villiers, qu'ils ont rendu en cette ville et trois des soldatz qui l'ont offencé. Et pour cet effaict lesdits depputez s'adroisseront à M. de Brassac, lieutenant général de cette province, pour les présenter à mondit seigneur de La Rochefoucault, et le supplier tous deux ensemble de faire entendre leursdites plaintes à mondit seigneur le mareschal. Auxditz depputez sera donnée la somme de neuf livres tournois pour leur voyage.

« Aussi a esté conclud que, à la moindre semonce qui sera faite par nousdit maire aux cappitaines de cette ville, lorsqu'il sera question de sortir en armes pour aller en recouvrance de quelque bestail ou empescher aux volleurs, chascun desdits cappitaines sera tenu de donner six soldats [1]. »

Le 19 juin, de nouveaux députés, « les sieurs Laiguillier, eschevin, et Jean Chambre, pair et procureur sindicq, sont envoyés à Mauzé vers le mareschal de Praslin, pour luy représenter les clameurs publicques sur tant de viollences et excedz qui se commettent journellement par les gens de guerre, tant ès bourgades et villages circonvoisins que mesme sur les grands chemins, où les pauvres villageois n'osent plus passer pour aller et venir au marché et à leurs affaires, et leur ostent lesditz gens de guerre toutes les provisions qu'ilz ont, etc. [2] »

Le 22 mai, le maire de Poitiers exposa au conseil « qu'il avoit eu advis certain que les sieurs Coytard, sʳ de la Ronde, et Adam, sʳ de Sichard, habitans de ceste ville, et autres qui estoient dans le coche de Poictiers, et avec le messager d'Angoulesme, avoient esté vollez et retenus prisonniers, à trois ou quatre lieues d'icy, sur le grand chemin de Paris, y allans pour leurs affaires particulières; qu'il ne sçavoit pas encore certainement où ils avoient esté menez, qu'il estoit néantmoins fort probable qu'on les a me-

[1] *Papiers secrèt. de Niort*, p. 559, 560.
[2] *Ibid.* p. 563.

nez à la Rochelle ou en l'isle d'Oléron, vers M. de Sousbise, pour les mettre à rançon; qu'il avoit esté prié par les parans et amis desditz sieurs Coytart et Sichard d'assembler ce corps de ville, pour, par son assistance, les pouvoir retirer de la captivité où ils sont retenus et adviser aux moyens de les assister, et obvier aux inconvéniens et malheurs qui peuvent arriver en ceste ville, par la pleinte généralle et publicque de tous les habitans, qui peut causer une émotion populaire contre tous les huguenotz, lesquels on croit participer à toutes ces volleries, rensonnemens et rébellions contre le roy, comme ne faisans tous qu'un corps et jouins à une mesme cause avec M. de Sousbise et ceux de la Rochelle, rebelles au roy, et qui luy font la guerre et aux catholicques, desquels ils sont ennemis mortels et de l'estat monarchique.

« Le conseil a ordonné que l'on donnera advis à Sa Majesté de l'estat de la province et de ce qui s'y passe contre et au préjudice de son service et de ses esditz; et comme les catholiques, ses fidelles serviteurs et subjetz, sont oppressés et affligez par lesditz de la religion prétendue; et de la prise et vollerie commises aux personnes et biens desditz sieurs Coytart et Sichard, habitans de ceste ville; que l'on envoyra à M. de Sousbise et au maire de la Rochelle un trompette, avec lettres de la part de ce corps de ville, pour les prier et obliger de renvoyer lesditz sieurs habitans de ceste ville et leur faire rendre ce qu'ils leur ont osté; autrement, que l'on usera de représaille sur les huguenotz de ceste ville; et que le trompette qui portera lesdites lettres verra en passant MM. de Praslin, mareschal de France, et de La Rochefoucault, gouverneur de la province, qui seront aussi priez par lettres de vouloir employer leur crédit pour faire rendre lesditz prisonniers [1]. »

Le 2 juin, le maire de Poitiers reçoit une lettre des maire, pairs, bourgeois et habitans de la ville de la Rochelle, « par laquelle lettre ils tesmongnent avoir du déplaisir de ladite capture et détention, et qu'ils n'y ont rien contribué, et que c'est M. de Sousbise; promettent moyenner l'eslargissement, s'il se peut, pour le sr de Sichard, l'aiant jà faict pour le sr de la Ronde Coytard, qu'ils ont

---

[1] *Reg. des délib. de la commune de Poitiers*, fol. 174, 175.

renvoyé. — A esté ordonné que la lettre demourra par devers le secrétaire et que coppie en sera envoyée au conseil du roy[1]. »

Le 6 juin, le corps de ville de Poitiers reçut la lettre suivante du roi, en date du 31 mai.

« À NOS TRÈS-CHERS ET BIEN-AMEZ, LES MAIRE, PAIRS, ESCHEVINS ET BOURGEOIS DE NOSTRE VILLE DE POICTIERS.

« DE PAR LE ROY.

« Très-chers et bien-amez, nous avons reçu la lettre que vous nous avez escripte du xxIII° de ce mois, par laquelle vous nous donnez advis que quelques habitans de nostre ville de Poictiers ont esté pris prisonniers par nombre de coureurs; de quoy nous avons eu du déplaisir, et vous dirons pour response que nous desirerions volontiers que telles gens qui commettent ce désordre pussent estre arrestez pour estre punis ainsy qu'ils le méritent. Pour cest effaict nous avons cy-devant commandé à nostre cousin le mareschal de Praslin de faire tenir des troupes de cavallerie sur les grans chemins et aux lieux qu'il jugera convenable, pour empescher semblables inconvéniens; de quoy nous nous asseurons qu'il aura souing, suivant ce que nous lui faisons encore sçavoir estre de nostre volonté sur ce subject. Cependant nous vous exhortons de contenir touttes choses en debvoir en nostre ville, sans permettre qu'il s'y passe aucune action préjudiciable à nostre service, et qui puisse altérer le repos et tranquilité des habitans d'icelle, tant catholicques que de la religion prétendue réformée, que nous voulons estre protégez et maintenus dans les graces qui leur sont accordées par noz esditz, vivans en bons citoyens, e demourans en la fidélité et obéissance à laquelle ils nous sont obligez. Et, nous promettant que ferez tout bon debvoir d'acomplir et faire observer ce qui est sur cela de nostre volonté, nous ne la vous ferons plus expresse.

« Donné à Paris, le xxxI° jour de may mil six cens vingt et cinq. »

Signé « LOUIS, » et plus bas, « PHELYPEAUX [2]. »

[1] *Reg. des délib. de la commune de Poitiers*, fol. 190.
[2] *Ibid.* fol. 193.

A cette époque, de même qu'au temps de la Ligue, les membres du clergé n'étaient pas plus dispensés que les autres citoyens de porter les armes pour veiller à la sureté publique. Parmi les compagnies des gardes de la ville de Poitiers, plusieurs étaient composées uniquement d'ecclésiastiques, et l'une avait à sa tête « vénérable et discrète personne maistre René Ayguillon, » chanoine de l'église Saint-Pierre-le-Grand. Cette obligation du service militaire, qui nous semble aujourd'hui si peu en harmonie avec le caractère sacré, donna lieu à une altercation que je crois devoir rapporter ici comme un exemple des mœurs violentes de cette époque.

Au conseil ordinaire, tenu le 9 juin 1625... « sire René Thoreau, pair et eschevin, a dict et remonstré que vénérable maistre François Thoreau, prieur de l'église collégialle de Sainte-Radegonde de ceste ville, et l'un des bourgeois d'icelle, a pour serviteur domesticque en sa maison, despuis dix-huict ans, M⁰ Pierre Barde, prestre, lequel, peut avoir quatorze ans ou environ, feust pourveu d'une place de sergent de bande en l'une des compagnies ecclésiastiques de ceste ville, commandée lors par défunct maistre Guy Chessé, abbé de l'église Nostre-Dame de ceste ville, du consentement dudit sieur Thoreau, son frère; laquelle charge ledit Barde a tousjours exercée despuis, sans que sondit frère ayt esté obligé d'envoyer autres personnes aux gardes qui se font en cestedite ville, comme n'estant raisonnable que d'une maison on y envoye deux personnes, ainsi qu'il s'est toujours praticqué. Néantmoins, le second jour du présent mois, maistre René Ayguillon, chanoine en l'église Saint-Pierre-le-Grand de cestedite ville, qui a esté pourveu par le décez dudit Chessé, peut y avoir sept ou huict ans, de ladite place de capitaine ecclésiastique, qui n'ignore point le service que rend journellement ledit Barde, et que despuis qu'il est en ladite charge de capitaine n'avoit envoyé aucune autre personne de sa maison à la garde, porté de haine et malveillance devers ledit Thoreau, sondit frère, auroit, sur les huict à neuf heures du soir dudit jour, envoyé par devers luy le nommé Audinet, lequel, estant entré en sa maison, luy auroit dict que ledit Ayguillon lui mandoit que, s'il estoit serviteur du roy, il eust à envoyer ou aller à la garde. A quoy il auroit faict responce qu'il ne croyoit pas qu'il eust charge dudit Ayguillon de parler de la sorte, et qu'il sçavoit bien qu'il avoit rendu à touttes occasions des tesmoignages de sa fidélité pour le service de Sa Majesté; qu'il cognoissoit assés sa qualité et le rang qu'il tenoit en l'église, et qu'il estoit pour le moins autant serviteur du roy que luy. Et estant ledit Audinet sorti de ladite maison, y seroit soudain survenu ledit Ayguillon, accompagné de trente ou quarante mousquetaires et arquebusiers; lequel en furie, aiant rencontré ledit Thoreau, prieur, près la porte de sa maison, s'adroissant à luy, luy auroit dict en ces motz : *Mortdieu, Monsieur le marault et facquin, estes-vous serviteur du roy?* et haulsa la main pour le frapper; ce qu'il eust faict s'il n'en eust esté empesché par quelqu'un des soldatz qui estoient avec luy; le saisit au corps et le prit au collet et luy fit faire quelques tours, le voulant tirer de force, disant et réitérant ces motz plusieurs fois : *Mortdieu, Monsieur le marault et facquin, vous viendrez vous-mesme en personne à la garde*, et, jurant le nom de Dieu, disoit qu'il planteroit un corp. de garde devant la porte de la maison dudit Thoreau, sondit frère, et luy proféra plusieurs autres injures et fit de grandes insolences : pour raison desquelles sondit frère a faict sa pleinte et s'est pourveu par informations. Mais d'autant que ledit Ayguillon, abusant de sa charge, qui ne luy a esté commise que pour gouverner avec toutte modestie les habitans de ceste ville et veiller à la garde d'icelle, et non pour se servir et divertir des soldatz de sa compagnie, et les mener aux maisons particulières des habitans de cestedite ville, pour vanger ses passions et offencer des gens d'honneur et de qualité; et qu'il se jacte et vante de vouloir de son authorité contraindre ledit Thoreau d'aller à la garde, bien que tel droict de contreinte n'apartienne qu'à ceste Compagnie; aussi, que son domesticque y allant en qualité de sergent de bande, et faisant beaucoup plus de service à la ville en ceste qualité qu'il ne fairoit en la qualité de simple soldat; affin d'empescher la continuation abusive des insolences dudit Ayguillon, auroit supplié pour sondit frère le conseil vouloir délibérer s'il doit envoyer à la garde autre personne de sa maison que ledit Barde, son domesticque, et si il ne doit pas, tant et si longtemps que iceluy Barde sera demourant et continuera le service qu'il rend en cette qualité de sergent de bande, demeurer deschargé d'envoyer autre personne à la garde, se remettant pour ce regard à ce qu'il plaira audit conseil en ordonner, qu'il exécutera.

« Par ledit conseil a esté unanimement conclud et arresté que, tant et si longtemps que ledit Barde faira sa demeure en la maison dudit sieur Thoreau, prieur de Sainte-Radegonde, comme son domesticque, et servira en ladite qualité de l'un des sergens de bande de ladite compagnie, iceluy sieur Thoreau ne sera tenu envoyer autres personnes à la garde et en demeure deschargé; et ordonne que injonction sera faicte audit Aiguillion de se trouver, lundy prochain sept heures du matin, en cest hostel de ville, au conseil ordinaire qui se tiendra, pour rendre raison de sa charge, tant sur ceste occurrance que autres pleintes faictes contre luy [1]. »

Messire René Aguillon interjette d'abord appel contre cette ordonnance; enfin il se présente au conseil le 22 juin, et, « après quelques advis et remonstrances faictes audit sieur Aguillon concernant le faict de sa charge de capitaine, ledit conseil a octroyé acte de sa déclaration et comparution pour servir et valloir ce que de raison, et ordonné comme autrefois que les taxes de ceux qui défaudront d'envoyer ou aller à la garde des gens d'honneur et de qualité seront faictes dans la chambre du conseil sur le bureau, tous les lundis; et deffence à touttes personnes d'exiger aucune chose des chartiers qui sortent hors de ceste ville, soit qu'ils soient chargez ou vuides, sur peine de dix livres d'amende, dont le caporal ou autre qui commande aux portes, lorsque l'on est en garde, sera responsable : et sera la présente ordonnance énoncée à la place lorsque les escouades sont assemblées pour prendre le mot et l'ordre, et affichée aux portes de ceste ville [2]. »

Les huguenots ayant été battus par Toiras à la tête du régiment de Champagne, le 11 juin, le maréchal de Praslin, sous les ordres duquel il était placé, envoya le 23 juin le commissaire de ce régiment de Champagne au corps de ville de Niort « pour avoir une douzaine de matelatz garnys de leurs couvertes, pour servir aux

[1] *Reg. des délib. de la commune de Poitiers*, fol. 196, 197, 198.
[2] *Ibid.* fol. 204, 205.

mallades desdits régimentz, selon que mondit seigneur le mareschal avoit dit auxdits sieurs Dubois et Chanbrier, depputtez vers luy le xix de ce mois. »

Il serait inutile de rapporter ici les événements bien connus qui terminèrent cette guerre. Forcé de rentrer sur ses vaisseaux, Soubise fut battu complétement, les 15 et 16 septembre, par l'amiral de Montmorency, et, le lendemain, pendant qu'il se retirait en Angleterre, son lieutenant au gouvernement de l'île de Ré signait une capitulation.

L'ordonnance suivante du corps de ville de Niort clôt la série des documents que les archives du Poitou nous fournissent sur cette guerre de 1625.

« Le 24 octobre 1625, à l'assemblée généralle et extraordinaire des maire, eschevins et pairs de Niort, sur la remonstrance dudit sindic, que ce jourd'hui Mgr de Montmorency, admiral de France, passant par cette ville, et Mgr de La Rochefoucault, gouverneur et lieutenant général de ce pays, ont fait entendre à nousdit maire leur intention pour ceux qui estoient en la rébellion, et que la composition faite en Ré a esté une permission à eux faite de se retirer en leurs maisons, en faisant par eux leur déclaration de voulloir servir Sa Majesté; et qu'ils entendent que ceux qui sont retournez de la rébellion, et sont à présent en cettedite ville, facent leurdite déclaration au greffe royal, à cause qu'il sera contre eux proceddé; a esté par tous unanimement délibéré et par nous conclud que, suivant et au désir de l'intention de mondit seigneur l'admiral et Mgr le gouverneur, il sera fait un ban qui sera publié et fait afficher, portant commandement à tous ceux qui sont retournez de la rébellion et sont de présent en cette ville, et autres qui pourroient retourner, de faire leur déclaration au greffe royal de cette ville dans trois jours, à cause qu'il sera contre eux proceddé ainsi qu'il appartiendra.

« Sur autre remonstrance dudit sindic que mondit seigneur l'admiral et mondit seigneur La Rochefoucault ont fait un autre commandement à nousdit maire, qui est de ce jourd'hui, à ceux qui ont leurs enfans en la rébellion et demeurent en cette ville, de faire venir leursditz enfans et les tirer de la rébellion dans quinze jours, et à faute de ce faire, ladite quinzaine passée, de chasser et mettre hors cettedite ville lesdits père et mère, et saisir leurs biens; a esté aussi par tous unanimement délibéré et par nous conclud que autre ban sera fait, portant commandement auxdits père et mère qui ont leurs enfans à la rébellion, de les retirer dans quinzaine, et que, la quinzaine passée, seront iceux père et mère mis hors cette ville et leurs biens saisis, selon et au désir du commandement de Monseigneur[1].

[1] *Papiers secrét. de Niort*, p. 571, 572.

IMPRIMERIE IMPÉRIALE. — 1866.

Original en couleur
NF Z 43-120-8

www.ingramcontent.com/pod-product-compliance
Lightning Source LLC
Chambersburg PA
CBHW060557050426
42451CB00011B/1951